Adelgazar

Desde adentro hacia afuera

Story Time

Autora: Nina Yan Andrews

Primera edición

Abril 2020

Índice

Prólogo

Vivimos en un mundo que avanza con muchísima rapidez, por lo tanto, no nos frenamos en la parte esencial.

Mi vida cambió por completo al entender el enfoque preciso, haciendo que las cosas resulten de manera positiva y productiva.

Cuando todo nos va bien, estamos muy acostumbrados a dudar de las circunstancias, y al creer que no lo merecemos, estamos autosaboteando los buenos resultados, producto de nuestra propia creación.

De esto se trata, de cambiar por dentro con el fin de poder cambiar por fuera.

Quien te dice que termines tú, conociendo más de tu persona de lo que tú piensas, tal como me paso a mí.

Razones y motivos sobran para entender todo lo que nos pasa física y emocionalmente.

Si yo pude lograr adelgazar más de 40 kgs, entonces tú también puedes.

Esta es mi historia...

Una cita contigo

Siempre que se escucha la palabra cita, automáticamente uno la relaciona con una segunda persona.

Y que si te digo que esta vez la cita es contigo?

Tantas veces pensamos en un cambio, en un giro en nuestras vidas o en algo que nos lleve a un nuevo ajuste, y aun así, siempre tentamos a mirar en el exterior. La inercia de buscar afuera lo que creemos que nos traería un supuesto cambio, como si dependiéramos de lo que pasa alrededor y saben qué ?... no es así.

Cada escenario de vida es distinto para cada uno de nosotros y puede variar en cualquier momento y lugar; somos nosotros los que decidimos que hacer ante cada escenario que se nos presenta.

Me emociona poder contarte mi experiencia de vida, que además de haberla vivido, saber, palpar y sentir lo real que es, creo firmemente que miles de personas en el mundo pueden ser los receptores de esta historia, la cual puede terminar resultando de gran ayuda tal como me paso a mí.

Si leíste el título principal, entonces estarás buscando indagar y descubrir cómo es eso de que desde nuestro interior, las energías y las emociones pueden llevarte a adelgazar.

Antes de comenzar, es más que necesario empezar con tu propia cita y como tal, empecemos a conocer a tu persona, esa que vive adentro tuyo como si estuviera sentada frente a ti.

Seguramente te surgen muchas dudas y puede resultarte raro querer conocer a alguien que llevas en carne propia, déjame decirte que a veces no todos nos conocemos en nuestras profundidades.

Podrías preguntarte tu propio nombre y apellido pero demás esta cuestionar lo que es obvio.

Esta vez tu primera pregunta debería ser: Eres feliz?

Conoces cuales son tu debilidades?
Cuantas veces al día tus emociones se
desequilibran?

Si pudieras verte de frente en esta cita, te
interesaría esa persona? su forma de
pensar? Sus atractivos? Y especialmente, te
gustaría su actitud?

Es tan, pero tan importante empezar a
conocerte para así captar y atrapar las
emociones que están reflejándote por
fuera; no solo hablo del estado físico sino
de tu postura ante la vida.

Si, lo sé, a veces solemos sentir un huracán
de emociones revueltas que terminan sin
gustarte, sin querer seguir con esa idea de
mirarte, conocerte y muchos menos de
enlistar emociones; pero ahí está la clave.

Vivimos en una sociedad donde se nos hace
un tanto difícil cargar con nuestros
complejos, solucionar nuestro caos interno,
curar las dolencias que llevamos dentro,
etc., pero me digas lo que digas, no existen
las excusas, esto no es imposible.

Ahora bien, vamos a cambiar eso que tu
mente tiene como emociones oscuras, es
decir, lo que te duele, lo que te enoja, lo
que te hace sentir inferior, aquello que no

quieres contar a nadie porque te da muchísima vergüenza, esa sensación de tristeza al pensar que hay metas que aún no puedes lograr por el simple hecho de sentirte débil, diferente, en desventaja, etc.

Todo eso nombrado anteriormente debe de transformarse, como? haciendo una comprensión necesaria y lógica como la que enlisto a continuación:

✓ Les pasa a otras personas, te está pasando a ti; porque NO te debería de pasar entonces? Uno de los puntos más importantes en este asunto es reconocer lo que nos toca y hacernos responsables de que por una razón en especial debemos afrontar y superar esta circunstancia de vida. Todo, absolutamente todo, nos pasa por un motivo divinamente guiado.

✓ Todo lo que ocurre en nosotros, nosotros mismos lo estamos creando. Vibramos de manera tal que el universo nos brinda conforme vamos pidiéndoles consciente e inconscientemente. Vale aclarar que muchas veces, pretendemos desear algo y lo estamos atrayendo de manera contraria. El universo entiende donde estas enfocando tu punto de deseo, por ejemplo: Quiero un resultado satisfactorio en mis análisis de sangre! Este deseo apunta al verbo querer y toma literal el resto de la afirmación, es decir, un análisis de sangre con resultados satisfactorios; no sucede lo mismo si cambiamos el enfoque, como por ejemplo: No quiero diabetes ni resistencia a la insulina! Esta forma de petición automáticamente está apuntando al lado opuesto de lo que queremos, es decir, apunta al verbo querer indiferentemente si esta en negativo y toma literalmente todo lo demás, diabetes y resistencia a la insulina, en qué lado crees que estas deseando? A la enfermedad o al resultado óptimo? El ser conscientes de cómo estamos realizando nuestras peticiones habla más que por sí solo. Enfoque y positividad es la dupla correcta.

✓ La vida no viene con un manual exacto de instrucciones en varios idiomas, la vida nos toca y solo nos enseña con lecciones personalizadas. Estamos preguntándonos *porque a mí*, en vez de *para que a mí?*. Normalmente nos suele pasar en distintas ocasiones que acudimos al: *porque a mí?* pregunta que no solo nos victimiza sino que no nos lleva a ninguna parte, sin embargo, el : *para que a mí?* tiene un impacto un tanto incierto, ya que nunca sabemos el para que, hasta lograr superar, solucionar o evolucionar en dicha circunstancia, pero en todo caso, esta forma de cuestionamiento sí que nos lleva a algo mucho más productivo, algo así como discernir el propósito de tal lección

✓ Como un sabio dijo, pregúntate si lo que estás haciendo hoy te está llevando a lo donde quieres llegar mañana. Sin pensar tanto en el pasado porque no se puede modificar, y tampoco pensando demasiado en el futuro ya que todavía no llega, podemos lidiar con el ayer, el mañana y el hoy; mirar atrás nos hace reconocer las lecciones aprendidas y los obstáculos que pudimos vencer, mirar al futuro solo

nos debería de entusiasmar,
enlistando todos los sueños que
queremos cumplir, todas las metas
que nos inspiran a trabajar en
nosotros mismos pero, desde donde
realizamos toda superación anterior y
toda meta por venir? Exactamente!
El hoy y el ahora conforman un
después, el hoy y ahora será luego
algo pasado; nos movemos y
vibramos solo en el presente mismo,
por lo tanto, no te pierdas de ruta,
inspira tu futuro, si, reconoce lo ya
has aprendido, sí, pero quédate
trabajando en tu presente, la rueda
sigue al ritmo de las agujas del reloj.
✓ Todos en la vida caminamos con una
batalla interna, muchos la dan a
conocer otros no, no eres la única
persona, tomemos cartas sobre el
asunto!

De adentro hacia afuera

Todo lo que nos sucede tiene repercusión en nuestro interior, a veces con mayor impacto a veces no tanto.

La obesidad, el sobrepeso, la diabetes y otros desbalances en nuestra salud, pueden venir de muchos factores, algunos que quizás conozcas u otros invisibles que hacen que tu equilibrio en la alimentación no sea el correcto, que tu estado de ánimo no sea optimo o cualquier otro motivo en el que tu cuerpo está dejándote saber que algo no anda bien.

Por muchos años quise ocultar o tapar mis complejos dejando que tomen control sobre mí, ignorando mi estilo de vida, mejor dicho, mi falta de vida, imaginando que por sí sola se arreglaría, como si la vida tuviera una configuración donde se pueda poner todo en función automática y sabes qué? Nada de eso funciona! Lo único que vas a lograr es perder por miedo, lo que la vida no te devuelve, EL TIEMPO.

Si analizamos este último, nos damos cuenta de que en teoría, el tiempo es lo único que pasa y no se recupera, sé que suena un poco alarmante pero solo así, te darás cuenta el valor que tiene esta palabra y el significado de la frase "el tiempo vale oro".... Más aun, la mejoraría diciendo "el tiempo vale vida".

Ten por seguro, que empezaras a aprovechar tu tiempo cuando realmente seas consciente de que no es infinito.

Te puede desganar el hecho de mirar hacia atrás y darte cuenta del tiempo que paso, que por no tomar la decisión de bajar un par de kilitos en su momento, más tarde se volvieron unos cuantos, luego eran demasiado y ya después no supiste manejar la situación o saber qué fue lo que estuvo tan mal como para llegar a un cambio indeseado en tu cuerpo y peor aún, en tus niveles en sangre.

No hay que preocuparse, sino hay que ocuparse! Hagamos un ejercicio importantísimo ante todo esto:

Para recorrer el camino, solo nos concentraremos en "ocuparnos".

No existen dietas extremas ni cantidades exactas en un desayuno, almuerzo o cena, ni siquiera la restricción absoluta de todos los azúcares, harinas, alcohol, etc. NADA DE ESO

Solo existe el uso de la lógica, la información precisa y el no mentirle a tu "yo interno".

Comer grasa nos devuelve grasa, Comer en exceso nos daría un resultado de excesos, todo está en la lógica; si ya sabes cuales son los alimentos sanos que nutren y nos aportan calidad de vida, cómo se deben complementar entre sí y que respuesta tiene tu metabolismo, ya que no todos los organismos son iguales, entonces sabemos que es lo que hay que llevarnos a la boca para obtener un resultado sano y nutritivo, para así obtener una buena calidad de vida.

También debo destacar que DIETA no se trata únicamente de alimentos, dieta también es todo aquello que vemos, a lo dónde ponemos nuestra atención, dieta también se trata de las personas con las que elegimos rodearnos, la dieta no sólo está basada en alimentación, está basada en todo eso que también nos alimenta los sentidos en nuestro día a día, todo lo que elegimos ver, sentir, hasta las cosas que estudiamos para nuestro propio conocimiento.

Tu objetivo en este caso no es tener un doctorado en alimentación y nutrición, tu objetivo en este caso es conocerte. Concluyendo en algo mucho más profundo, tu objetivo claro va a ser tu mayor triunfo.

Pero que es lo que pasa que de repente sentimos hambre a cada rato?

Mi pregunta sería: Es eso hambre o sed? – estamos acostumbrados a poner al estómago en primer lugar en vez de la hidratación, un punto a tener muy en cuenta. Personalmente quiero contarte que previamente a mis cambios, nunca puse atención a esto ya que me parecía insignificante o un poco absurdo, pero el hecho de confundir hambre con sed es tan cierto y comúnmente conocido que vale la pena prestarle atención; solo así te darás cuenta que la necesidad de consumir agua se confunde en un 80% con hambre. Todos estos pequeños detalles diarios (pero no menos importantes) sumados a lo largo de una semana, generan un gran cambio, solo imagínate un mes, un año, tres años; ahora entiendes a lo que me refiero?

Que pasa que al ponerme a dieta mi cerebro automáticamente me da la orden de querer comerme todo? −eso, señoras y señores, se llama **ansiedad**, al cerebro le gustan las cosas prohibidas pero el punto a manipular es, no llamar dieta a un **ESTILO DE VIDA**: decidir cambiar el estilo de vida es disfrutar de ante mano de los resultados óptimos a venir, esto no se trata de alimentos prohibidos 24/7 y de sufrir en una lucha constante con el cerebro, se trata de tomar conciencia de cómo vivir sanos y dejar de caminar por donde no debemos. Ante esto debemos optar por lo más favorecedor **LA DISTRACCION**, sí, eso mismo, distraer el cerebro ocupándolo en actividades, estudios, paseos, quehaceres, compras etc, resulta lo más indicado en esta etapa del aprendizaje. Voy a contarles mi propia experiencia sobre esto.

Pasé una etapa de mi vida, donde siendo adolescente no podía encontrar un trabajo estable ni tampoco tenía ánimos de hacer deportes o actividades que distraigan mi mente o que ocupen mis horas libres del día a día; bien recuerdo que fue mi peor etapa, la ansiedad me perseguía, los nervios me hacían tener cada vez más pensamientos negativos, nada manifestaba hacia el exterior, ni mis miedos ni mis rabias, ni siquiera me ponía a pensar si estaba haciendo las cosas correctas al comer repetidas veces al día sin estar emocionalmente ni físicamente bien.

Pero todo cambio luego de volcarme a lo que es hoy en día mi vocación, ser profesora de canto y bilingüe para ser más precisa. El canto es una de las actividades más liberadoras que existe y yo elegí ejercerla, es tan emocional como física, ya que al realizarla, se estimulan los dos hemisferios del cerebro, hace que este mismo se desarrolle mejorando tu memoria, cantar aumenta la concentración de inmunoglobina A, lo cual refuerza el sistema inmunológico, es una excelente actividad para mejorar la función de los pulmones ya que trabaja las respiraciones profundas y diafragmáticas mejorando así la oxigenación, cantar también mejora el ritmo cardiaco lo cual reduce el riesgo de enfermedades coronarias, además, estimula al cuerpo para que produzca oxitocina, y esto último ayuda a reducir el estrés y por si fuera poco, cantar tiene el mismo efecto que comer una barra de chocolate, produce endorfina, que es la hormona de la felicidad pero sin calorías extras. Elegir esta vocación hizo en mí un cambio gigantesco, y así fue.

Conforme pasaban los meses, comencé a trabajar cada vez más completando una jornada entera de nueve horas diarias cada semana y que creen? Pues no tenía tiempo de malos pensamientos, mis energías renovadas ya no me daban ansiedad, ya no repetía las colaciones por el solo hecho de repetirlas por aburrimiento ciertamente hablando, todo está en la ocupación que le demos a nuestra mente, las distracciones que más nos interesen para que tales sean constantes y productivas, verdaderamente lo pude comprobar y fue de gran ayuda marcando una gran diferencia entre ambas etapas de mi vida.

Si de lunes a sábados, programo mi mente en comer sano, beber agua particularmente cuando siento hambre para verificar si solo era sed y solo me permito consumir lo "no tan sano" los famosos "gustitos "como son las harinas, el gluten, azucares o alcohol (tengan en cuenta que el alcohol fija las grasas), solo los días domingos, controlando **no excederme**, que creen? – al pasar las semanas, los meses y el primer año de tu nuevo estilo de vida, será mucho mayor el tiempo que te pasaste comiendo sano que comiendo tus permitidos! Y no solo eso, lo más importante, tu cerebro se reprogramará, sabiendo que cada fin de semana algún permitido le darás, por lo cual, dejará de darte esas órdenes desesperadas de querer comerte todo, ya que no entra en su listado de ALIMENTOS PROHIBIDOS.

Todo se programa desde adentro hacia afuera, lo que pienses y pongas en lógica, harás a tu favor, entonces:

- ✓ Distrae tu cerebro
- ✓ Come sano y variado en colores, mientras más variedad de colores distribuyas, más variedad de antioxidantes tendrás.

- ✓ Date permitidos mínimos, tu cerebro se callará y seguirás con tus siguientes días
- ✓ No te compares con otras personas, cada quien lucha con sus propias lecciones de vida y sus propias batallas internas

IMPORTANTISIMO!!! No tengas miedo y visita a tu médico, cada patología en la salud requiere normas y alimentos adecuados a la misma, confía en tus médicos, ellos se encargaran del control físico, nosotros estamos a cargo de lo emocional. Puedo asegurarte que con estas dos llaves te puede cambiar satisfactoriamente la vida como me cambió a mí.

Emociones y energías

Ahora bien, nuestro punto de enfoque, el más importante, el eje de todo, el núcleo de todo lo que somos:

La mente

Aunque no lo creas, la mente manda absolutamente en todo, por eso, es indispensable programarla, reprogramarla, entrenarla, nutrirla y dedicarle más tiempo del que normalmente en nuestra vida lo hacemos.

Una mente inquieta no tiene la serenidad de calmar las aguas internas, si tan solo pusiéramos nuestro enfoque en el punto principal, aquel que manda todo, estaríamos en la clave de todo resultado positivo.

En esta sección voy a contarte todo lo que podemos adoptar como hábito para nuestra reconstrucción interna que por lo tanto, será externa también.

A lo largo de mis años, treinta y seis para ser más precisa, tuve un gran cambio en mi alimentación donde las energías eran gran pilar de este nuevo formato alimenticio, nada más ni nada menos que **EL VEGETARIANISMO,** algunos podrán coincidir con esta forma de vida otros no, recuerden que esta historia forma parte de mi experiencia y por lo tanto deseo contárselas respetando las elecciones de todos.

El consumo de las carnes, ya sean rojas y/o blancas, manifiestan dentro de nuestros cuerpos una ingesta de muy malas energías, tal como la cruel matanza de animales inocentes que previamente pasan por un calvario antes de ser asesinados, cuyos animales los cuales vivos nos dan recursos muy buenos y que al matarlos, valga la redundancia, matamos vida; aun cuando el ser humano tiene las condiciones necesarias para consumir y reemplazar todo tipo de nutrientes desde la vegetación y no desde un cuerpo muerto, recordemos que también estamos matando lo que en vida estos animales nos otorgan naturalmente. Desde lácteos, huevos hasta la más fiel compañía.

Decido compartir esta forma de vida
alimenticia, ya que cambio fuertemente
dentro mío el humor, la sensibilidad, la
empatía y por supuesto la omisión del
consumo de grasa animal, favoreciendo
muchísimo mis niveles en sangre.

Ahora bien,

Hablemos de nuestras emociones.

"los pensamientos no se pueden controlar pero si gestionar", esta frase me dio más de una razón para enfocarme en mi equilibrio emocional.

Es hora de cambiar de piel, equilibrarte y ganar, de mirarte en el espejo y decirte SABES QUE? YO ME OCUPARÉ DE TI.

Si un frasco de perfume, que por fuera es hermoso, delicado, con una gama de colores elegantes y una presentación de luxe, no tiene más que un aroma vencido y rancio en su interior, entonces no sirve como perfume, solo es artimaña; lo mismo pasa con las emociones en el plan de adelgazar; si estoy bajando de peso con ansiedades, con una desesperación enorme de rebajar los kilos extras de una vez por todas y de que pase rápido para comer de todo y desatarnos en grande, no estamos entendiendo el punto principal. Eso es muy similar a querer caerle bien a una pareja con la que recién te estas conociendo y en vez de mostrarte tal cual eres, te disfrazas de todo lo que le gusta a esa persona, con el fin de que te elija y acepte, que crees que pasará? –al pasar el tiempo todo eso no durará mucho y llegará el momento en el que esa persona te vea tal cual eres, sin ficciones ni personajes actuados y luego nos lamentamos porque nada resultó como queríamos.

Todo lo que conlleve emociones negativas, ansiedad, mentira, enojo, impaciencia, incomprensión, competitividad, depresión, bajas energías, etc, no tendrá buen resultado.

Y entonces, cómo le hago para salir de esta ansiedad? – distrae tu cerebro, sé creativa, sé productiva, gánale al sentimiento de negatividad. Todo mundo se enfoca en las calorías, las variedades que puedes comer, lo que está prohibido y lo que no, las ganas de comer, todo eso!, en vez de mirar hacia otra cosa que no sean alimentos; tal como expliqué en el primer capítulo sobre el enfoque positivo de nuestras peticiones al universo, pues esto es algo similar, que te hace pensar que decirte todo el tiempo a ti misma o a ti mismo, *"no debo comer esto entre comidas, no debo comer tal cosa en exceso, no puedo tentarme a comer frito, no debería…"* te hará olvidar de eso? Pues claro que no, claro que es todo lo contrario, estamos todo el tiempo apuntando a nuestro deseo de comer, por lo tanto, concluyendo y lidiando todo esto con las emociones, por lo que concluyendo, estaríamos entendiendo que, toda mente ocupada y distraída esta emocionalmente equilibrada y no se enfocará en el lado contrario del no, sino del sí. Cada vez que nos gane la ansiedad la clave no está en autoconvencernos repitiéndonos lo que es obvio sino en controlar con acciones nuestras emociones, las cuales equilibradas en la mente no deberían de provocar ansiedad, ni nervios, ni nada de esa índole.

Cómo puedo entonces dejar se sentirme mal, depresiva con bajas energías para poder afrontar este nuevo cambio? – decídete! Si te dijeran que hay dos caminos: estar encerrada con una falta de vida notable y perjudicando tu salud o estar descubriéndote a ti misma o a ti mismo, fuera de tu zona de confort mientras te diviertes en el transcurso que llegan los cambios, cual elegirías?

Ahora bien, ubiquémonos mucho más profundo en las emociones:

Si nos encontramos sin poder controlar nada, llenos de ansiedades, nervios, inquietudes hasta quizás enojo e impotencia por cualquier situación difícil o desagradable en la que estemos transcurriendo, posiblemente optemos por desahogarnos con la comida y decir "total es solo una vez, un exceso no me hará mal, mañana será otro día". Este es uno de los motivos más comúnmente conocidos en el ser humano y de hecho un gran error

Las energías no se deben acumular sino transformar. Para darles un ejemplo más preciso de este asunto, vamos a suponer la siguiente historia; Ella es María, una mujer la cual cada vez que la maltratan se calla y agacha la cabeza, cada vez que le pasa algo malo, aguanta el nudo en la garganta y no llora, no habla ni pide ayuda; dónde se manifiesta María? Donde canaliza todas esas emociones que la sobrecargan?, este es el típico caso donde María, pudiese terminar ante un problema de poca gravedad y romper en llanto como si tal problema fuera una tragedia absoluta, o tal vez enfermar su salud por el simple hecho de no manifestarse emocionalmente cuando era debido; entonces, todas las emociones acumuladas deben ser manifestadas, de qué manera? – optando siempre por todo aquello que sea productivo:

- ✓ sientes mucha ansiedad? Entonces canaliza eso en algún arte o proyecto creativo
- ✓ sientes muchos nervios? Entonces puedes optar por liberarlos en pasatiempos y juegos divertidos
- ✓ sientes mucho enojo o rabia ante algo en particular? Entonces haz ejercicios físicos! , libera esa carga, aprovecha esos impulsos para ejercitarte, que mejor que eso?, golpea a la almohada si es necesario pero por favor, no te des por vencida. Nada de lo que acumules dentro tuyo será positivo si lo dejas ahí, sin poder liberarlo o manifestarlo

Personalmente puedo contarte que he usado hasta lo que ni te imaginas que pudiese funcionar, desde un amor no correspondido, hasta una cuarentena mundial provocada por un virus que detuvo literalmente el planeta, países y países afectados, tuvimos que guardarnos en casa para no propagar el contagio y respetar a quienes estaban trabajando con el alma y con el corazón, personal de la salud, médicos, enfermeros y muchos más, fue entonces donde mi tiempo de creación comenzaba.

Nada mejor que quedarnos pausados y protegidos en nuestros hogares mientras todo se resolvía. La naturaleza sabe lo que hace.

Que nada te detenga, ni un mínimo problema, ni un acumulo de emociones, ni nada. Por experiencia puedo decirte que de cada una de las dificultades nacen ciertos milagros.

Nadie puede ayudarte si no te ayudas tú primero y estoy más que segura, que hay muchísimo potencial en ti, más de lo que te estarás imaginando. Opta por la diversión, las actividades que más te gusten, quien te dice que no encuentres una vocación más adelante o el amor de tu vida por ahí, olvídate del que dirán y transforma esos miedos, vergüenzas y complejos en el desafío más lindo de tu vida, una vez que cruces un límite ya tu mente sabrá que pudiste una vez, entonces podrás dos veces más y tres y cien y una constante de miles más.

Ahora bien, tomando en referencia de que les estoy contando mi historia, mis experiencias, no quiero olvidarme de nombrarles las claves emocionales precisas que marcaron y cambiaron mi vida.

Mi deseo cumplido con la ley de atracción

Es increíblemente cierto como el hecho de que programar tu mente con las afirmaciones determinadas que quieres cumplir te puede llevar a resultados fenomenales!

Estoy hablando de todo lo que atraemos, que si recuerdan bien, en el primer capítulo les comenté una frase puramente cierta

"todo lo que nos pasa, nosotros lo estamos creando"

 Es como la explicación secundaria de la frase de Henry Ford *"tanto si piensas que puedes o si piensas que no puedes, aun así estas en lo cierto"*

Somos lo que creemos, creemos lo que declaramos y les permitimos el poder, somos todo lo que en nuestra mente se asienta como cierto, por lo tanto, lo que digas y te creas, serás.

Una técnica particularmente verdadera es **la ley de atracción** que me ayudo enormemente y no solo en mis emociones para adelgazar y programar mi mente para una vida sana sino para cumplir cualquier deseo personal declarado en su correcto enfoque. El enfoque positivo.

La ley de atracción es la creencia seudocientífica de que los pensamientos influyen sobre la vida de las personas, ***"si lo puedo creer, lo puedo obtener"***. Todo lo que desees y que proyecte palabras declaradas en positivos, (recuerden, no utilizar los "no", "nunca", "no quiero que", "no puedo", etc.,) estará siendo atraído mediante tus vibraciones al universo entero.

El uso de esta técnica de atracción universal puede funcionar desde la visualización, la declaración de afirmaciones y hasta de la manera escrita. Yo uso a diario uno de los métodos más eficaces de la ley de la atracción.

El método script-in

Esta técnica consiste en escribir afirmaciones con la cual podamos trabajar la canalización de los todos los sentidos por ejemplo: *"merezco tener un buen estado físico"*, supongamos que esta frase aún no se ha realizado pero es nuestro deseo a cumplir; debemos tener en cuenta que todo aquello que visualizamos tiene gran impacto en las energías del universo ya que todo lo atraemos.

El método script-in se realiza al escribir dicha afirmación en un cuaderno o diario que sea solo tuyo personal, acompañándole con todas las canalizaciones posibles por ejemplo:

- Visualizándote usando esa ropa que tanto te gusta y tiene un talle menos del que usas, talle al que quieres llegar
- Contándole, imaginariamente, esta frase a tu doctor, mama o persona especial, siempre hablando en tiempo presente
- Sintiendo esa sensación de felicidad de tenerlo realizado, porque en realidad estás haciéndolo realidad, exactamente pasará.
- Imaginando como sería una ducha con tu cuerpo más delgado, más firme, mas esbelto

- Escribiéndolo y especialmente dándole sentido a cada palabra de tu deseo

Debo reconocer que en lo personal, a esta técnica yo la combine con la sincronía de los números, se habla de que los números sincronizados crean una secuencia aún mayor en la manifestación de cada una de nuestras peticiones al universo, puedes hacerlo como yo, con la potente sincronía del 55x5, es decir, cincuenta y cinco veces escritas durante cinco días. Tener en cuenta que esto resulta o resulta, sin más, no obstante tienes que analizar con determinación como estas proyectando, ya que obtenemos todo exactamente como lo cree tu mente, si crees muy poco, manifestarás resultados muy escasos, el universo sin tener culpa ni pena, otorga con exactitud lo que sostienes en tus creencias.

Es sumamente e increíblemente cierto, yo soy testigo de todos mis deseos realizados gracias a la técnica de **la ley de atracción** en su **método script-in**.

Secuencias grabovoi para adelgazar

Las nuevas tecnologías de la conciencia conforman un conjunto de técnicas bioespirituales que trabajan más alto que los niveles energéticos. Es una serie de secuencias numéricas que se repiten en un orden dentro de una meditación, se recomienda poner una música relajante y repetir la secuencia en voz alta, o escucharlas durante una grabación, existen varias grabaciones en internet donde se las pueden encontrar.

Esta tecnología con secuencias numéricas creadas por el Dr Grabovoi trabajan más allá de lo físico, lo emocional y lo energético.

1231115025 4812412 – 1823451 519 – 606 – 901 – 319

Lo importante ante esta técnica es que estemos conscientes de que estas secuencias numéricas tienen la finalidad de armonizar todos estos aspectos para así, abrirnos al cambio. Los números están activos, no son creencias ni rituales ni nada de eso, solo se deben repetir en ese orden y respetando también los espacios entre sí.

Estas secuencias las pueden realizar cuantas veces quieran sin importar el día, el mes o la hora.

Solo se las recomiendo poner en marcha, dentro de un ambiente donde se les puede prestar atención, por ejemplo, no es recomendable repetirlas mientras estamos viendo una película, de esa manera, no habría concentración alguna.

La terapia de tapping.

El tapping es una nueva terapia para tratar problemas emocionales. Una nueva técnica llamada Tapping o Técnica de Liberación Emocional (EFT) es una nueva terapia que se puede utilizar para tratar una amplia variedad de condiciones.

El término "**tapping**" en ingles significa golpeteo y se hace en ciertos puntos del cuerpo para estimular el sistema energético humano para producir un equilibrio emocional. En esta técnica, en lugar de utilizar agujas como en el caso de la acupuntura, o corriente eléctrica, se utilizan los dedos.

Personalmente lo he probado en los momentos más intensos como por ejemplo, una mala noticia, una discusión con alguna persona de la cual me haya desequilibrado mi humor, mis vibras o hasta en algunas ocasiones, ataques de pánicos provenientes de algún percance o accidente imprevisto como por ejemplo, el quedarse encerrado en un ascensor, momentos de miedos o emoción atorada en la garganta.

Para expresarme mejor, nos referimos a las emociones que desde un punto de vista fisiológico, son pequeños impulsos hormonales, químicos y físicos que se mueven dentro del sistema nervioso. Cuando comprendemos que las emociones tienen en nuestro cuerpo una base física real, entonces entendemos así que al trabajar lo físico estamos trabajando también las emociones; un clásico ejemplo de emoción equilibrada es cuando nos encontramos en ciertos momentos bastantes estresados o estresadas y como resolución nos tomamos una sesión de masajes, quien no se siente mejor después de la relajación que nos otorgan los masajes? Ese es un claro ejemplo

Los puntos de golpeteo se realizan de forma no tan brusca con el dedo índice y medio, en un orden determinado:

1. *Punto karate: es el lado de la mano que usa un karateca para golpear*
2. *Principio de ceja*
3. *Final de la ceja*
4. *Debajo del ojo*
5. *Debajo de la nariz*

6. *Debajo del labio inferior*
7. *Bajo clavícula*
8. *Bajo la axila: justo donde cruza el soutien de la mujer*
9. *La coronilla*

El primer punto, (punto karate) se utiliza para la aceptación luego del "aunque", es decir, creamos las frases que vamos a repetir pero que contengan primero *el componente negativo*, (siempre y cuando no te definas en él, se recomienda decir ESTOY en vez de SOY, ya que estamos trabajando el sentir del momento y no una definición en sí), seguido del *componente positivo*, este mismo debe ser lo que creas real y verdadero para ti, como por ejemplo: **"aunque no puedo dormir, me acepto y me quiero mucho", "aunque no estoy bien con mi retención de líquidos, me acepto y me quiero mucho", "aunque me duela este amor no correspondido, me acepto y me quiero mucho"**

Estos sentimientos se declaran repetidas veces mientras se golpetea el punto número uno, porque repetirlos? – está comprobado que el sistema nervioso absorbe y asume de forma inmediata todo aquello que mínimamente se repite tres veces

Para los siguientes puntos, se continúa con la secuencia de tapping, pero vamos a considerar expresarnos con más libertad esta vez en lo que estamos sintiendo, como por ejemplo:

No puedo dormir (mientras golpeteo el punto número dos)

Porque no pude dormir! (mientras cambio al golpeteo en el punto número tres)

Necesito dormir bien (golpeteando el punto número cuatro)

Cuantas veces se mantiene el golpeteo? – solo un par de segundos, no lleva demasiado tiempo, de hecho toda una sesión de tapping puede llevarte unos cinco o diez minutitos nada más. Lo realizamos de un solo lado del cuerpo y luego del siguiente.

Para mejor entendimiento, aquí les va un
gráfico mejor explícito.

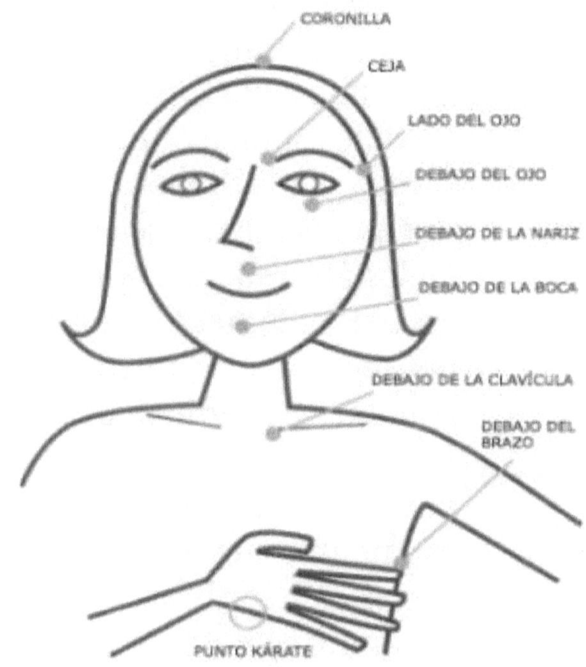

Es tan necesario el hecho de mantener
equilibradas las emociones como el hecho
de descontracturar un nudo en el cuello

que nos condiciona la libertad de movimiento.

Recuerdo una anécdota que me relataron en el momento en el que aprendí lo que era la técnica del tapping; esta anécdota sucedió en un avión, los pasajeros del vuelo subieron ese día, el avión despegó y una vez que el mismo se estaba estableciendo en las alturas, una adolescente de aproximadamente quince años, se desabrochó el cinturón de seguridad y comenzó a manifestar un ataque de pánico. La adolescente corría por el avión y gritaba para que la ayuden a bajar, en ese mismo momento, una mujer se acercó a asistirla, la tomó de los brazos y la calmó, le preguntó el nombre y diciéndole que se relajara, comenzó a realizarle una intervención. La mujer sin explicarle lo que le estaba haciendo, comenzó a asistirla con las secuencias del tapping, ni bien pasaron los primeros quince minutos, la adolescente se tranquilizó y pudo salir del estado de pánico que le había provocado subirse al avión. Esto solo le tomó a la mujer, un par de minutos y pudo controlar la situación.

Las emociones juegan una parte tan fundamental a la hora de proyectarnos, que da gusto conocer cada una de las técnicas del autocontrol, llevarlas a cabo y volverlas parte de nuestra rutina. Todo parece ser mucho más fácil, si nos concentramos en el punto principal, ya sea para el uso del plan para adelgazar, como asistir un ataque de pánico o fobia.

La tan importante ejercitación física

Así es, todo lo que queremos es adelgazar pero no estamos conscientes de que durante el proceso nos podemos conocer y encontrar con nosotros mismos, haciendo cosas nuevas que ni creíamos que podíamos llegar a realizar.

Confieso que nunca hice deporte, nunca me resultaban tan entretenidos como para ser constante en mi meta de rutina diaria, por lo tanto, opte por ejercitarme con mis aparatos en casa mirando mis series favoritas! A quien no se le pasa el tiempo entretenidos con nuestras pelis o series favoritas?, fue así como me di cuenta, que trotar en la cinta era más fácil y constante, si tenía mi mente entretenida y sin mirar el reloj a cada instante. Que creen? Conforme pasaban los días, podía notar cada vez más, que el tiempo de mi resistencia física era más prolongada, que mi cuerpo adelgazaba sin parar y que mi cabeza, en ese período de ejercicio solo repetía: porque no le dijo que la amaba? Esa dupla de actores es la mejor para esta película! Válgame! Que buena peli!!! Puedo asegurarles que funciona.

Existen personas que eligen salir a la naturaleza y caminar o correr, otras que eligen un deporte porque les gusta y tienden a socializar con el grupo del club. Existen muchísimas formas de hacer ejercicio físico y debo reconocer que quien las realiza, seguramente tiene las energías, las ganas y las emociones óptimas como para llevarlas a cabo y que sean una constante a diario.

Porque hago mucho hincapié en esta parte?

Como dije anteriormente todo es lógica, para obtener resultados óptimos nuestras energías deben de estar acopladas al plan de cambio, esto mismo nos lleva a gestionar todas las emociones para que con las mismas tengamos la constancia de verle el lado bueno a las cosas en este caso, a nuestro cambio de vida. Para crear algo diferente hay que hacer cosas diferentes, y a veces nos cuesta entender que para llegar a un lado hay que irse de otro, tan simple como eso.

Ahora bien, veamos el típico debate de **las calorías**: Solo el hecho de consumir las calorías recomendadas a diario, relacionadas por supuesto, con tu peso, tu altura y edad, a veces nos limita el cambio y realmente no estamos apuntando a otros factores que predominan muchísimo en esta decisión de ser saludables.

Porque realizar ejercicio físico?

Entre muchísimas razones solo voy a destacar las más interesantes para lo que nos estamos refiriendo:

- Ejercitarte te mantiene más activo energéticamente hablando
- Quemar calorías complementa perfecto a la alimentación y se rebaja de peso más rápido y seguro
- Si hablamos de distracciones, ejercitar a tu gusto, despeja mucho la mente, ya sea caminar o hacer algún deporte en especifico
- Los músculos de tu cuerpo se tonificarían y volvería mejor tu figura
- La ejercitación es importantísima a la hora mejorar los niveles en sangre

- Un amado sabio dijo: si tienes un cuerpo y no quieres que se enferme, entonces úsalo

Nuestras emociones se activan y se impulsan en cada resultado obtenido en cualquier rango de nuestras vidas, esto hace hincapié a que todo lo que podamos reconocer en nuestra mente como buen resultado, por impulso traerá otro más y luego otros más y así se forma la cadena más satisfactoria que podamos conocer, dentro de todo nuestro aprendizaje.

Supongamos que te pesas luego de quince días de control de alimentación sana y rebajas 200 gramos, ahora bien, supongamos que en la quincena siguiente, en vez de solo comer sano, complementas todo con una caminata diaria, seguramente vas a rebajar mucho más y que crees? – en ese caso, tus emociones van a motivarte y entusiasmarte muchísimo más que con el lento proceso anterior de no ejercitarte en lo mínimo y estoy más que segura de que tus ganas, tus energías y tu estado de ánimo serán mucho más elevados y positivos con el complemento del ejercicio físico ya que estarías dejándote fluir en el descubrimiento de todas estas cosas diferentes y nuevas que antes no hacías.

Personalmente debo reconocer que mis impulsos ya son por naturaleza bastantes pronunciados, pero mientras me rio escribiendo sobre este aspecto tan agudo en mí, jajaja me llega entonces la tan famosa frase de Jim Rohn *"la disciplina es el puente entre metas y logros"*.

Una de mis tantas técnicas de organización y disciplina es mantener un control por escrito, si logras llevar a cabo un seguimiento de lo que haces y lo que no, puedes ver con mayor claridad cómo vas llevando tu plan de cambio. Y recuerda que estarías manteniendo el enfoque contrario a las comidas y las tentaciones, haciendo lugar al esquema donde plasmamos nuestro paso a paso. Por mi parte, esta es una de mis mejores formas de organizarme

Con una lista semanal o mensual alcanza y sobra:

Día	Caminata	Liquido diario
24 de abril	1 hs	2 ltrs
25 de abril	45 min	2,5 ltrs

"la disciplina es recordar lo que quieres" David Campbell

Puedo asegurarte que todo lo que hagas con disciplina va a llevarte a logros, cada logro será un impacto emocional para tu mente, una mente motivada tiene más constancia que una mente con pensamientos negativos y que, por ende, con cada pensamiento positivo estaríamos centrándonos en alimentar correctamente tus vibraciones y dándole así a la tecla de este asunto.

Una mentalidad optimista es el mejor estimulante natural que puedas conocer.

Cada vez que sientas que se desequilibran tus emociones, puedes acudir a **la meditación**.

El término **meditación** se refiere a un amplio espectro de prácticas que incluyen técnicas diseñadas para promover la relajación, construir energía interna o fuerza de vida y desarrollar compasión, amor, aceptación, paciencia, generosidad y perdón.

A través de la **meditación**, lo que hacemos en realidad es buscar alcanzar la libertad mental y emocional. Nos tomamos una pausa, relajamos y controlamos la mente para alcanzar un estado de bienestar. ... La práctica de la meditación genera cambios como el aumento de la materia gris en ciertas partes del cerebro.

La calidad de tu vida está determinada por la calidad de tus pensamientos, domínalos entonces! , domina tus palabras, para encontrarte contigo mismo medita, no dejes de hacerlo

No hay que ser expertos en cantar mantras ni mantener afinado un OM, y si así fuese enhorabuena! Solo el hecho de relajarte escuchando el sonido que más te guste, visualizar los logros, cada detalle, sentir las emociones como si ya los resultados estuvieran en tus manos, eso, eso es más que suficiente!

Recuerda siempre, vale la pena luchar por lo que realmente vale la pena tener, cuando te encuentres sin excusas para realizar tus metas presta mucha atención ya que debes estar más cerca de lograr tus cometidos

En mi forma de ver la vida, siempre pero siempre encuentro lo bueno en lo malo, eso hace que te enfoques en lo que realmente vale la pena enfocarse.

Cada historia de vida es diferente, como dije en el primer capítulo, todos caminamos con una batalla interna diferente a la del resto, eso significa también que uno mismo es el encargado del resultado que obtenemos, nadie más lo va a hacer por ti, a ti se te ha otorgado el cuerpo, por lo tanto, cada cuerpo es templo de cada uno, si tan solo supieras la capacidad que existe dentro de cada uno de nosotros, en momentos de guerra, empezarías a determinarte en este preciso instante.

Si todo sana desde adentro entonces sanará
desde afuera, por lo que puedo decirte que
debes adelgazar desde adentro para
finalmente adelgazar desde afuera.

La rueda de los resultados

Exactamente como lo dice el título de este capítulo, ***RESULTADOS***

Suelta tu vieja versión, ya no perteneces a esa etapa porque pudiste encontrar la clave de todo y evolucionar

No voy a hablar de físicos ni apariencias, no quiero hablar de lo superficial solo de lo emocional, de nada sirve tener un físico perfecto, si por dentro estamos desequilibrados emocionalmente y energéticamente, porque entonces eso, no se llamaría salud mental. Hay quienes deciden adelgazar y tener una mejor salud, hay quienes tienen solo un par de kilitos demás y quieren rebajarlos para sentirse más cómodos, hay quienes se proponen el gran cambio porque necesitan bajar un número considerable, ya que su salud está en riesgo. Pues en todo caso, yo me identifico con esta última razón

A pesar de la ayuda que los médicos me brindaron, que de hecho es muy importante, y de las condiciones en las que puedas corregir tu alimentación, personalmente puedo decir que encontré la clave más importante ante todo. Esto no se trata solo de adelgazar y verse bonita, esto va más allá de un logro físico, este es el indicador de como la vida te enseña todo lo que dentro nuestro teníamos y no conocíamos aún.

Porque titulé este capítulo como *"la rueda de los resultados"?*, justamente porque todo lo que decidas lograr en tu vida, no termina ahí, cada maniobra y trabajo que realices para poder lograr una meta, será un impacto emocional enorme para tu mente y cerebro, si sabes que puedes una vez, sabrás que puedes dos, también que puedes tres, y por supuesto no solo puedes lograr una meta especifica sino conocerte y saber toda la capacidad que llevas dentro tuyo para superar, cumplir y disfrutar de tus sueños realizados

De esto se trata la vida, de vivirla sin importar la edad ni el lugar ni las adversidades que se nos presenten en cada escenario en donde estemos parados

Sacar lo mejor de un caos no es suerte, es una forma de vivir

Ponerte a prueba ante una gran meta, no es un castigo o sacrificio en vano, es la vida mostrándote toda la fuerza y capacidad que llevabas dentro pero que nunca veías

Somos humanos no perfectos, vinimos a aprender y aprender viviendo, es tiempo de trasmutar, de cambiar de piel, de evolucionar. Asique por favor, no te rompas por dentro, porque justamente desde ahí, desde tu interior, nace la vida.

Soy muy agradecida

Con la emoción de que hayas llegado hasta aquí y que realmente esto te haya aportado un granito de arena, es un placer poder decirte **Gracias**. Que todo lo que hayas absorbido como información sea de total productividad como alguna vez lo fue para mí.

Quiero agradecer en grande a mi familia quienes estuvieron y están día a día presentes en cada etapa de mi vida, viendo mis resultados y compartiendo conmigo la felicidad.

Orgullosa de la crianza que me dieron mis padres y la bendición de tenerlos conmigo.

Gracias universo por todo aquello que conspira día a día a favor nuestro!

Namasté

ninayanandrews@gmail.com